Roberto da Silva Rocha, professor universitário e cientista político

Embargo Comercial Internacional Contra os EUA

Introdução

Imagine se os EUA provassem de seu próprio veneno e sofresse um improvável castigo de embargo comercial, diplomático, cultural, econômico, financeiro, tecnológico, midiático proposto pela UN (ONU) como forma de obrigá-lo a desfazer-se de todo o seu arsenal nuclear bélico.

O que aconteceria à grande nação do Norte, como ficariam as Relações Internacionais e comércio internacional sem o grande hegemon?

Qual é a dependência dos EUA do Mundo? O que aconteceria ao povo norteamericano sob um embargo internacional?

Imagine os EUA sem a Coca Cola, Microsoft, GM, GE, Mac Donalds, Johnson & Johnson, Ford, Intel, IBM, Boeing, General Dynamics, Lockheed, e considerando o tamanho da economia cubana de US$ 40 bilhões que teve um prejuízo de US$ 89 bilhões entre 1962 e 2005 com o embargo e a economia norteamericana que possui um tamanho de US$ 16 trilhões, cerca de 400 vezes maior, é de se supor que tal prejuízo seria de incalculáveis US$ 32 trilhões (proporcionalmente ao prejuízo cubano utilizando o método da regra de três simples, obviamente que este valor poderia ser dez vezes maior (US$ 320 trilhões) em outras metodologias que considerassem fatores potencializadores como por exemplos a demografia e a dinâmica da economia norteamericana em comparação com à de Cuba).

Imagine milhões de cidadãos norteamericanos fugindo clandestinamente para o Canadá e para o México em busca de comida, remédios, empregos, contrabandeando alimentos, gasolina, petróleo, drogas como nunca antes se fez, se submetendo aos subempregos no Brasil, Chile e Argentina, as empresas de alta tecnologia norteamericanas vendo os seus cérebros escapando para os riquíssimos ex-inimigos árabes como o Irã, Iraque, Emirados, Arábia e Coréia do Norte para vender os segredos mais bem guardados das tecnologias de ponta dos EUA.

Americanos vendendo armas secretas, bombas nucleares, peças de aviões invisíveis, sequestrando submarinos atômicos, canibalizando gigantescos porta-aviões para contrabandearem peças e equipamentos para os palestinos e iranianos, vendendo serviços de mercenários para a Al Qaeda!

Rapidamente a Eurolândia da CEE tomaria rapidamente o lugar dos EUA na produção de bens culturais, intelectuais e tecnológicos juntamente com China e Coréia do Sul. Veríamos Israel, Grã Bretanha e provavelmente o Japão comercializando com os EUA, mas com a sua economia decadente, estacionária e semi-atolada em uma estagflação de duas décadas e dependente dos EUA ficaria o Japão abraçado num aperto de náufragos com a sua solidariedade clandestina e única com os EUA, a Alemanha aproveitaria a chance para se livrar das últimas amarras das proibições e limitações impostas pelo armistício e das consequências da Segunda Grande Guerra Mundial para desenvolver armas e tecnologias antes proibidas pelos vencedores da II Guerra, sob veementes protestos dos britânicos que possivelmente se solidarizariam com os EUA isolando-se do mundo todo.

A China, Índia e Brasil devolvendo o excesso de imigrantes ilegais aos EUA. Que cenário impensável!

Após os ataques terroristas de 11 de setembro de 2001 às Torres Gêmeas do World Trade Center em New York houve um pequeno cataclisma nos EUA.

A New York Stock Exchange (NYSE), a American Stock Exchange (AMEX) e a NASDAQ não abriram em 11 de setembro e permaneceram fechadas até 17 de setembro.

Quando os mercados de ações reabriram, o Dow Jones Industrial Average (DJIA), índice do mercado de ações, caiu 684 pontos, ou 7,1%, para 8.921, um recorde de recuo de um ponto em um dia.[151]

Até o final de semana, o DJIA tinha caído 1.369,7 pontos (14,3%), até então, a maior queda em uma semana na história, embora mais tarde ultrapassada em 2008, durante a crise financeira global.[152]

As bolsas estadunidenses perderam US$ 1,4 trilhão em valor em uma semana.[152] Isto é o equivalente a US$ 1,72 trilhão em termos atuais.[153][154]

Em Nova York, cerca de 430 mil postos de trabalho por mês e US$ 2,8 bilhões em salários foram perdidos nos três meses seguintes ao 11/09.

Os efeitos econômicos foram mais fortes principalmente nos setores econômicos da cidade que lidavam com exportações.[155]

O PIB da cidade foi estimado em ter diminuído 27,3 bilhões dólares nos últimos três meses de 2001 e em todo o ano de 2002.

O governo federal concedeu US$ 11,2 bilhões em assistência imediata ao Governo de Nova Iorque em setembro de 2001 e US$ 10,5 bilhões no início de 2002 para o desenvolvimento econômico e para necessidades de infraestrutura.[156]

Os ataques de 11 de setembro também prejudicaram as pequenas empresas em Lower Manhattan próximas ao World Trade Center, destruindo ou deslocando cerca de 18.000 delas.

Foi prestada assistência por empréstimos Small Business Administration e pela Community Development Block Grants and Economic Injury Disaster Loans do governo federal.[156]

Cerca de 2.960.000 m² do espaço de escritórios de Lower Manhattan foi danificado ou destruído.[157]

Muitos se perguntam se esses postos de trabalho seriam repostos e se a base tributária danificada iria se recuperar.[158] Os estudos dos efeitos econômicos do 11 de setembro mostram que o mercado imobiliário de escritórios em Manhattan e o emprego de escritórios foram menos afetados do que o inicialmente esperado, devido as necessidades de serviços financeiros da indústria.[159][160] nos Estados Unidos e nos mercados mundiais.[150]

Com um PIB de US$ 1,4 trilhões (10% do PIB dos EUA) New York poderia simular o que aconteceria ao PIB geral dos EUA em caso de um embargo econômico, - no caso mero exercício matemátaico por extrapolação através de uma simples regra de três, - os prejuízos seriam de monta! (US$ 27,3 bilhões em um ano se multiplicarmos isso por dez seriam quase US$ 3 trilhões de perdas por ano em toda a economia norteamericana!)

É o que se pretende avaliar nesta ficção dissertação

Comércio Internacional: Uma Fatia Maior da Economia dos Estados Unidos

Durante as últimas quatro décadas o comércio internacional cresceu de uma fatia relativamente insignificante para cerca de um terço da atividade econômica interna dos Estados Unidos.

Para atender às preferências da economia global, os setores industriais e de prestação de serviços dos Estados Unidos especializaram-se e tornaram-se mais eficientes na produção de bens e na prestação de serviços apropriados ao mercado internacional.

Hoje em dia, a maioria dos bens não é totalmente produzida nacionalmente; em vez disso, a produção espalhou-se por todo o mundo para ganhar eficiência máxima.

De camisetas e tênis a carros e computadores, muitos dos bens que os americanos consomem diariamente não são mais "fabricados nos Estados Unidos", e sim importados.

Apenas em 2006 os Estados Unidos importaram o equivalente a US$2,2 trilhões em mercadorias e serviços.

O setor externo dos Estados Unidos — a soma de todos os bens importados e exportados —corresponde atualmente ao equivalente a 30% de toda a economia nacional, ou produto interno bruto (PIB).

Há apenas quatro décadas, no entanto, a fatia do comércio exterior representava meros 10% do PIB.

Para chegar a ser uma parcela do PIB durante os últimos 40 anos de prosperidade econômica significativa dos Estados Unidos, o setor externo teve de se expandir mais do que a expansão da economia como um todo.

As importações, aumentando a uma taxa média de quase 11% ao ano, lideraram a expansão do setor externo, enquanto as exportações cresceram a uma taxa média de mais de 9% ao ano.

Além disso, os setores produtivos dos Estados Unidos tornaram-se cada vez mais dependentes dos mercados internacionais. Quase dois (40%) quintos das receitas auferidas pelas indústrias dos Estados Unidos resultam atualmente das vendas externas, comparadas aos menos de 15% há 40 anos.

Como o comércio internacional se tornou um componente tão grande e importante da economia americana?

A resposta é simples: Como o mundo tornou-se mais integrado por meio do comércio e das finanças, a economia dos Estados Unidos adaptou-se, especializando-se na produção de determinados bens e serviços.

Isto fez parte de um plano profetizado pela Teoria da Dependência de autoria de Enzzo Falleto e Fernando Henrique Cardoso (CEPAL - ONU) que baseada na teoria do sistema mundo predizia que o mundo seria dividido entre duas zonas: centro e periferia, o centro produzindo conhecimento, e exportando as suas poluentes indústrias para a periferia reproduzir o conhecimento embutido nas mercadorias e produtos industriais, o centro ficando com os serviços financeiros, econômicos e tecnologia, desta forma gerindo a periferia numa dependência intelectual perpétua entre o centro e a periferia.

Haveria também uma semiperiferia ao qual seria dado acesso a alguma tecnologia para reciclar a matéria prima e a mão-de-obra barata fornecida pela periferia, mas o gerenciamento e a comercialização seriam sempre dos países centrais.

Por sua vez, as forças econômicas que impulsionaram a expansão do setor externo também mudaram a produção subjacente e os padrões de consumo do país.

Para entender essas mudanças, é interessante dividir as importações e exportações de bens e serviços em categorias e estudar a evolução destas (vide a barra lateral). O entendimento dessa evolução nos mostra como a economia americana distribuiu seus recursos, e esses padrões de distribuição, por sua vez, demonstram de que maneira a economia americana tornou-se mais especializada nos últimos 40 anos.

A receita para o crescimento das exportações

De 1967 a 2006 a exportação de serviços, com expansão de um ritmo médio de 10% ao ano, liderou o crescimento das exportações dos Estados Unidos.

Conforme demonstra a tabela 1, aproximadamente um terço do total das receitas de exportação dos Estados Unidos agora advém da exportação de serviços, tais como serviços financeiros, telecomunicações e serviços de gestão e consultoria.

Os Estados Unidos têm um superávit comercial especialmente alto de serviços financeiros, pois as empresas americanas são importantes prestadoras de serviços bancários, de investimentos e de seguros para o mundo.

Essa tendência não surpreende, pois, nas últimas décadas, as economias mais desenvolvidas do mundo (e as principais parceiras comerciais dos Estados Unidos) aumentaram seu consumo de serviços, ao mesmo tempo em que passaram a despender uma parcela menor de seu lucro com bens físicos.

Para atender a essa crescente demanda, os Estados Unidos se tornaram grandes fornecedores de serviços de alto valor agregado.

Ao mesmo tempo, os Estados Unidos aumentaram significativamente suas exportações de bens de capital, tornando-se cada vez mais eficientes na produção desses bens e alocando uma parcela maior de recursos para sua produção.

Durante a segunda metade dos anos 90, quando investimentos maciços foram feitos em equipamentos tecnológicos e avanços científicos, as exportações de bens de capital atingiram uma alta recorde, representando quase um terço de todas as receitas de exportação dos Estados Unidos (vide a tabela 1).

Nos últimos 15 anos, semicondutores, computadores, equipamentos de telecomunicações e máquinas industriais têm sido os principais responsáveis pelo aumento das exportações de bens de capital dos Estados Unidos.

Grande parte da demanda por esses bens vem de economias em desenvolvimento. Desde 1990, a China passou de 20º para 3º, atrás apenas do Canadá e do México, como uma dos maiores importadores de máquinas e equipamentos de transportes americanos.

Os bens de consumo também têm contribuído de forma consistente para o aumento das receitas de exportação dos Estados Unidos.

A tabela 1 mostra que, como uma parcela do total de exportações, os bens de consumo duplicaram de menos de 5% há quatro décadas para quase 9% em 2006. Mais recentemente, os exportadores americanos experimentaram uma forte demanda global por brinquedos (inclusive softwares de jogos) e produtos farmacêuticos.

As receitas americanas das exportações de produtos farmacêuticos quintuplicaram desde 1991 para quase US$31 bilhões em 2006.

Abastecendo-se de importados

As categorias de bens de consumo e bens de capital também aumentaram significativamente suas respectivas participações percentuais no total das importações dos Estados Unidos desde 1967.

Atualmente, cada uma dessas duas categorias responde por aproximadamente 20% de todos os pagamentos de importação feitos pelos Estados Unidos (vide a tabela 2).

Assim como no caso das exportações, a maior parte do crescimento das importações de bens de capital é decorrente de produtos de alta tecnologia, sendo um terço deles comprados da China e outros 30% do México, Malásia e Japão.

O fato de que os Estados Unidos tanto exportam quanto importam volumes substanciais de bens de capital (equipamentos usados para fins dede produção) indica o nível de especialização que ocorreu na economia dos Estados Unidos e do resto do mundo.

Muito freqüentemente essas vendas de bens de capital são parte do comércio "intrafirma", e ocorrem quase que totalmente dentro de uma única empresa multinacional.

De acordo com estimativas recentes do Federal Reserve, esse comércio "intrafirma" responde por 40% do total do comércio internacional de bens dos Estados Unidos.

O que compõe o Mix?

Os bens e os serviços importados e exportados dividem-se em várias categorias (derivadas das categorias do U.S. Bureau of Economic Analysis [BEA] – Departamento de Análise Econômica), que são classificadas de acordo com a utilização final do item.

• Bens

• alimentos, rações e bebidas (para consumo animal e humano)

• bens de capital, excluídos os automotivos (principalmente equipamentos usados em produção, tais como maquinário industrial ou computadores)

• bens de consumo, excluídos os automotivos (principalmente itens utilizados por consumidores, variando de camisetas a produtos farmacêuticos e eletrônicos)

• suprimentos industriais (principalmente bens e matérias-primas, inclusive derivados de petróleo, que serão utilizados para produzir outros bens)

• veículos automotivos (carros e caminhões)

• Serviços

• serviços de viagem (principalmente comissões de agentes de viagens)

• bilhetes de passageiros (avião, trem, barco e outros bilhetes)

• outros transportes (principalmente frete e tarifas de serviços portuários)

• royalties e licenças (principalmente tarifas cobradas por empresas)

• outros serviços privados (principalmente serviços profissionais como contabilidade, seguros e serviços educacionais)

Atualmente a maioria dos bens não é totalmente fabricada nacionalmente; pelo contrário, a produção tem se espalhado por todo o mundo para ganhar eficiência máxima.

As exportações americanas, desta forma, têm alguns componentes estrangeiros, e alguns componentes dos bens que os Estados Unidos importam foram produzidos nacionalmente.

O Fundo Monetário Internacional estima que a parcela de componentes fabricados nos Estados Unidos que compõem as importações americanas é de aproximadamente 30%.

Com relação às exportações, em muitos dos bens fabricados nos Estados Unidos, tais como equipamentos industriais elétricos, maquinário e computadores, estima-se que os componentes importados representem pelo menos 20% dos bens finais.

Dentre as importações de bens de consumo, a categoria de produtos farmacêuticos é a que mais rapidamente tem crescido, representando atualmente cerca de 3,5% de todas as importações americanas, com um aumento de mais de 1.500% nos últimos 15 anos e responsável por quase US$65 bilhões em 2006 - mais do que o valor total das importações agrícolas dos Estados Unidos.

Um quarto dessas importações é proveniente da Irlanda, principal localização estrangeira de indústrias farmacêuticas americanas.

Além de bens de consumo e de capital, os produtos derivados de petróleo sempre representaram uma parcela considerável das importações dos Estados Unidos.

Na década de 70, os pagamentos aos estrangeiros pelas importações aumentaram 20%, com as importações de petróleo respondendo por mais de dois quintos (40%) desse crescimento. Essa alta foi decorrente das crises de petróleo dos anos de 1973 e 1979, quando as crises geopolíticas no Oriente Médio causaram a alta dos preços do petróleo.

Tanto os preços quanto as importações de petróleo estabilizaram-se na metade dos anos 80 e durante os anos 90, mas os gastos com petróleo aumentaram consideravelmente nos últimos quatro anos.

Os produtos derivados de petróleo agora respondem por cerca de 15% dos custos totais das importações americanas, sendo o Canadá, o México e a Arábia Saudita os principais fornecedores dos Estados Unidos.

Feito sob encomenda

Não é de se admirar que desde que o comércio internacional se tornou um importante componente da economia Americana, grande parte da produção atual dos Estados Unidos é destinada à venda no exterior. Conforme demonstra o quadro abaixo, ao mesmo tempo em que a participação dos bens exportados no PIB praticamente dobrou nas últimas quatro décadas passando de 7%, a participação das exportações de bens na produção de bens mais do que triplicou, tem crescido chegando a quase 40%.

Participação das Exportações dos Estados Unidos no PIB e na Produção de Bens Privados

Fonte: U.S. Bureau of Economic Analysis dados de Haver Analytics

A parcela de exportações da produção nacional varia de acordo com a categoria.

Por exemplo, os Estados Unidos exportam aproximadamente 60% das aeronaves civis, 40% dos equipamentos de telecomunicações, 25% dos eletrodomésticos e 20% de veículos motorizados e peças automotivas.

Porém, o valor das exportações em relação à totalidade da produção doméstica pode estar um tanto superestimado, pois alguns bens exportados são feitos com componentes importados.

A exportação de serviços como parcela da produção de serviços privados praticamente dobrou nos últimos 40 anos, mas continua relativamente baixa, em menos de 5%.

Enquanto o setor de serviços expandiu-se rapidamente nos Estados Unidos, significativas barreiras regulatórias no exterior limitam a capacidade das empresas americanas de competir com empresas nacionais de outros países, embora os Estados Unidos tenham uma vantagem competitiva global em muitos setores dedicados à prestação de serviços.

Crescimento global

A maior parte do crescimento das receitas de exportações dos Estados Unidos nos últimos 40 anos advém das exportações de serviços, bens de capital e bens de consumo, enquanto a importação de produtos derivados de petróleo, assim como bens de consumo e de capital levaram a aumentos nos pagamentos de importações feitos pelos Estados Unidos.

Ao se especializar cada vez mais na produção de bens e serviços nos quais tem vantagem comparativa, a economia americana aumentou seu comércio com nações estrangeiras e redirecionou parte de seus esforços de produção para atender à demanda de serviços externos.

Ao fazer isso, os Estados Unidos se tornaram parte muito mais integrada à economia mundial atual.

Este artigo foi escrito por Galina Alexeenko, analista econômica sênior, e Diego Vilán, economista, ambos do setor regional do departamento de pesquisas do Fed de Atlanta.

Tabela 1

Participação das Exportações dos Estados Unidos por Categoria (%)

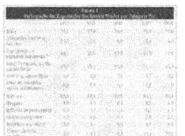

aIncluindo produtos derivados de petróleo

Comentários: As participações de importações não atingem 100 pois as categorias "outros" e "dispêndios com defesa direta" foram omitidas. Os dados são reportados mais como valores nominais do que valores reais, porque os valores reais podem distorcer os padrões a longo prazo. Os índices reais fixos ponderados sofrem viés de substituição, o que pode superestimar ou subestimar alguns componentes, e índices de cadeias reais sofrem de falta de aditividade, tornando impossível o cômputo das participações.

Fonte: U.S. Bureau of Economic Analysis, dados da Haver Analytics

Tabela 2

a Incluindo produtos derivados de petróleo

Comentários: As participações das importações não somam 100 pois as categorias "outros" e "dispêndios com defesa direta" foram omitidas. Os dados são reportados mais como valores nominais do que valores reais, porque os valores reais podem distorcer os padrões a longo prazo. Os índices reais fixos ponderados sofrem viés de substituição, o que pode superestimar ou subestimar alguns componentes, e índices de cadeias reais sofrem de falta de aditividade, tornando impossível o cômputo das participações.

Fonte: U.S. Bureau of Economic Analysis, dados da Haver Analytics

Efeito de um bloqueio internacional sobre os EUA, tal qual sofrem Cuba e Coréia do Norte

A realidade histórica é que pelo menos desde a metade da primeira presidência de Franklin Delano Roosevelt (1934) e, com absoluta nitidez, a partir do fim da Segunda Guerra Mundial, os Estados Unidos têm sido indiscutivelmente os principais autores, garantes e líderes do sistema mundial de comércio.

A causa responsável por essa situação é apontada e desenvolvida nas diversas variantes da chamada "teoria da estabilidade hegemônica", o paradigma conceitual dominante entre os autores mais representativos da economia política das relações internacionais contemporâneas (1).

A teoria é assim definida num estudo recente: "a abertura da economia global depende criticamente da presença de um país hegemônico que possui tanto os motivos quanto os meios para estabelecer uma ordem comercial liberal" (2).

Dessa forma, os mercados mundiais eram relativamente abertos e liberais durante o predomínio hegemônico da Grã-Bretanha, culminando com a primeira fase da globalização, a Era Vitoriana, de 1870 a 1914.

O declínio do poderio inglês e a Primeira Guerra Mundial introduziram uma etapa de fechamento e retorno ao protecionismo.

A superação dessa fase vai se esboçar com a imposição pelos EUA de uma política liberal de comércio a partir de 1934 e, mais acentuadamente, de 1944-45, quando esse país substitui a Inglaterra, a Alemanha e a França derrotados economicamente na Segunda Grande Guerra Mundial, cujo papel de hegemom fora duramente disputado também pelo Japão, URSS e Itália, quando ao final do conflito mundial, salvou e resgatou a Europa destruída através do Plano Marshall, quando os EUA derramaram trilhões de (bilhões em moeda da época) dólares sobre a economia dos países aliados e derrotados do Eixo (Japão, Alemanha e Itália) retirando a libra esterlina de circulação como moeda das trocas internacionais até então, ficando com a preferência e o privilégio que custou mais de 100 milhões de vidas perdidas, e, depois de duas bombas atômicas despejadas sobre populações civis no Japão, conseguiu a hegemonia de poder plasmar a nova ordem econômico-financeira (Bretton Woods, o FMI, o Banco Mundial, o GATT) e político-estratégica mundiais (a Carta de São Francisco, a ONU, a Aliança Atlântica).

Da mesma forma que a imensa maioria dos demais países avançados, eles foram um país essencialmente protecionista durante a maior parte de sua história (um século e meio, ao menos – Buy American Act), coincidente com a prolongada fase em que defendiam suas infant industries (ou indústrias nascentes) contra a concorrência inglesa.

No auge da Primeira Revolução Industrial, quando os britânicos pregavam e praticavam o livre-comércio, os americanos preferiam seguir os conselhos do primeiro secretário do Tesouro, Alexander Hamilton, autor de obra pioneira do protecionismo industrial, considerada a primeira grande crítica de Adam Smith, o Report on manufactures (1791).

Em certos momentos, o nível de proteção alcançou as nuvens, como por ocasião da "tarifa de abominação" (1828-31), com a média de 52,7%, ou a "tarifa de guerra", na Guerra da Secessão (1861-71), sendo então a média de 41,3%.

Mesmo após a guerra civil, a média tarifária dos produtos não-isentos era ainda de 46,5% (tarifa Dingley, 1898-1909) e 51,5% na "infame" tarifa Hawley-Smoot, na Grande Depressão (1930-34).

A história tarifária americana pode ser dividida em duas grandes fases:

a) Na primeira, da Independência até 1934, o Congresso reteve ciumentamente o poder de estabelecer a proteção comercial, mantendo-a em patamar constantemente elevado.

b) Na segunda, o Legislativo iniciou a prática de delegar a autorização para negociar tarifas ao Executivo, que, desde então, ao longo de nove sucessivas etapas (de 1935 a 2000), foi reduzindo as barreiras tarifárias até chegar à situação presente, na qual a média tarifária sobre todas as importações é de cerca de 2% e a média sobre todos os produtos não-isentos é de 4%.

Embora notável essa redução, comum ao conjunto dos países avançados, deve ser corrigida por duas indispensáveis qualificações. A primeira é que se trata de média estatística e, como se sabe, o estatístico é o indivíduo que morre afogado em rio cuja profundidade média é de apenas 40 centímetros.

a) Isto é, a maioria das importações paga tarifa baixa ou nenhuma, o que não impede que alguns produtos (não um ou dois, mas algumas centenas) sejam gravados por taxas consideravelmente mais onerosas que a média.

O mais grave é que, conforme se verá adiante, as tarifas pesadas concentram-se justamente sobre os artigos exportados pelos subdesenvolvidos, às vezes pelos mais pobres, e afetam de modo particular o Brasil.

b) A segunda qualificação é que as tarifas estão longe de constituir a arma única ou mais temível do arsenal protecionista.

À medida que as tarifas sofriam redução, elas foram sendo substituídas, até com vantagem, pelas medidas de "proteção comercial" (salvaguardas, antidumping, direitos compensatórios contra subsídios) e por barreiras teoricamente destinadas a fins legítimos específicos mas que, na prática, se vêm desviadas para intuitos protecionistas (requisitos sanitários e fitossanitários para alimentos e produtos agrícolas, barreiras técnicas para manufaturas, exigências ambientais etc.).

Antes do final da Rodada Uruguai, em meados dos anos de 1980, Michael Finger, então economista do Banco Mundial, utilizou modelos matemáticos de pesquisadores do MIT para concluir que, naquele instante, quando a média tarifária americana era de 5,3%, o nível efetivo de proteção subia a mais de 20% ao serem convertidas em cifras as barreiras das cotas de têxteis e vestuário, os direitos antidumping contra calçados e aço, as "restrições voluntárias de exportação" então vigentes em matéria de automóveis e aço.

Argumentando que ela é incapaz de captar a complexidade do panorama atual, o professor de Harvard, Craig VanGrasstek, em livro ainda não publicado, mas cujo original pude ler, propõe uma maneira inovadora de analisar o sistema comercial do seu país e de qualquer outro.

Em obra que intitulou provisoriamente de As três dimensões da política comercial dos EUA, em lugar de fixar-se apenas na altura da barreira aduaneira, compara essa política a um pacote ou volume com três dimensões:

a) A primeira, a altura, mede o grau de intervenção estatal no comércio, principalmente por meio de barreiras às importações (tarifas, quotas, medidas não-tarifárias etc.).

b) A segunda, a largura, avalia o nível de discriminação aplicado aos vários parceiros de forma diferenciada.

c) A terceira, a profundidade, depende da amplitude dos temas incluídos no sistema comercial em anos recentes (serviços, propriedade intelectual, investimentos, concorrência, meio ambiente, questões trabalhistas e, quem sabe, uniformização de impostos no futuro).

É o que alguns chamam de "expansão das fronteiras do sistema", passando da integração rasa (comércio de bens aberto) à profunda (uniformização da legislação).

Desse modo, em vez da dicotomia maniqueísta - protecionismo versus comércio livre -, é possível afirmar que os EUA evoluíram de um regime comercial que era alto (tarifas e barreiras elevadas), estreito (todos eram tratados mais ou menos igualmente) e pouco profundo (só abrangia o comércio de mercadorias), para um sistema que é baixo (tarifas pequenas), largo (proliferam os regimes discriminatórios conforme a natureza dos parceiros) e profundo (cada vez mais abrangente).

O modelo tridimensional presta-se melhor que os tradicionais para o nosso propósito.

As restrições no acesso às patentes e à tecnologia, assim como a proibição do uso de requisitos como o do "conteúdo local" ou "índice de nacionalização" na aprovação de projetos de investimento estrangeiro, são algumas das conseqüências da extensão das fronteiras do sistema, acarretando o estreitamento das opções de política industrial e colocando fora do alcance dos subdesenvolvidos muitos dos instrumentos largamente utilizados pelos ricos durante seu processo de desenvolvimento.

Como se diz no jargão dos negociadores, essa ofensiva equivale a "chutar a escada" pela qual os abastados de hoje galgaram o ápice e onde não querem ser perturbados por adventícios importunos.

Em outras palavras, a manipulação seletiva da discriminação pode revelar-se a ferramenta diabólica que faltava aos ricos para compensar a gradual perda de competitividade em setores crepusculares de suas economias, estendendo e congelando, ao mesmo tempo, o domínio de uma superioridade incontrastável nas áreas de ponta em tecnologia ou outros domínios nos quais os menos desenvolvidos têm ainda poucas condições de competir.

Ao contrário do que se crê correntemente, o GATT e a OMC não têm como objetivo primordial a liberalização imediata e total do comércio mundial, mas a sua liberalização progressiva, conforme não se cansam de repetir os europeus em defesa de sua política agrícola.

O artigo 1º do Acordo Geral sobre Tarifas e Comércio (GATT) é intitulado "tratamento geral de nação-mais-favorecida", justamente para sublinhar a absoluta prioridade da não-discriminação.

a) Estipula que "qualquer vantagem (...) concedida por qualquer parte contratante a qualquer produto (...) de qualquer outro país será concedida imediata e incondicionalmente a todo produto similar originário (...) das demais partes contratantes (...)".

b) O artigo 2º reforça a obrigação, ao dispor que "cada parte contratante concederá ao comércio das demais partes contratantes um tratamento não menos favorável que o previsto no (...) presente Acordo".

A cláusula da nação-mais-favorecida (MFN em inglês, NMF em português), ou seja, a expressão positiva da não-discriminação é a pedra fundamental sobre a qual foi edificado o regime do GATT/OMC.

Houve sempre exceções para acolher as preferências preexistentes a 1947 ou com o fim de ajudar os subdesenvolvidos a superar suas limitações estruturais, "tratando desigualmente os desiguais" (o GSP, ou Sistema Generalizado de Preferências, por exemplo).

Essas exceções deveriam ser raras, concedidas criteriosamente e com duração provisória em tese, embora pudessem prolongar-se pelo tempo necessário para superar o problema que se destinavam a resolver.

Nos anos de 1930, o Brasil enfrentou problemas com Washington devido aos acordos chamados de "marcos de compensação" com a Alemanha nazista, cujo ministro da Economia, o dr. Schacht, os promovia com nações centro-européias, o Egito e nosso país.

Os americanos abriram exceção maior ao tolerar e até incentivar, por motivos estratégicos ligados à necessidade de conter a URSS durante a Guerra Fria, o Tratado de Roma (1957) e o Mercado Comum Europeu, com seus cinco membros fundadores (Alemanha, França, Itália, Países Baixos, Bélgica-Luxemburgo).

Se a esses acrescentarmos os acordos de livre-comércio com países da África do Norte, do Mediterrâneo e do Oriente Próximo, assim como as mais de 70 ex-colônias, signatárias do Tratado de Cotonou (antigamente acordos de Lomé), os denominados países ACP (África, Caribe, Pacífico), é forçoso constatar que os europeus teceram um sistema comercial próprio, sem abandonar ou repudiar o sistema multilateral.

A rigor, os europeus mantêm três regimes comerciais: o mais aberto, no interior dos 15, atuais 25;

a) o segundo, quase equivalente às antigas "preferências imperiais", com ex-colônias e assimilados, e

b) o terceiro, o da OMC, em relação ao resto do mundo.

Esse verdadeiro império comercial, que substituiu com vantagens o vetusto imperialismo dos Avoengos, permitiu à Europa Ocidental, entre outras proezas, a de construir, não com os mecanismos de mercado, mas graças a pesados subsídios, a perniciosa Política Agrícola Comum (PAC).

O resultado é que, embora tenham uma agricultura reconhecidamente não-competitiva, conseguem preencher quase todos os lugares dentre os 12 maiores exportadores agrícolas, salvo raras exceções.

Cansados de deblaterar contra a situação, os Estados Unidos fizeram o que costumam fazer os poderosos em casos semelhantes: juntaram-se aos europeus, não mediante a adesão à União Européia mas na imitação do exemplo.

Em 1985, véspera do início da Rodada Uruguai, Washington assinou, pela primeira vez em décadas, um acordo de livre-comércio com Israel.

Esse primeiro foi seguido, alguns anos depois, pelo Nafta com o Canadá e México, o acordo com a Jordânia, as negociações da ALCA com os 33 países do hemisfério ocidental, "do Alasca à Patagônia", além de numerosas outras iniciativas com distintos graus de tratamento preferencial: as "preferências andinas" para combater o cultivo da coca, a Iniciativa da Bacia do Caribe, o AGOA (African Growth Opportunity Act) para os africanos.

Somando a discriminação negativa (por exemplo, a não-aplicação da cláusula de nação-mais-favorecida a países comunistas, as sanções contra Cuba, Iraque etc.) com a positiva (os acordos preferenciais), os EUA passaram de regime de "protecionismo igualitário e não-discriminatório" no século XIX à situação atual, descrita por VanGrasstek nos seguintes termos:

Hoje, o puro tratamento de nação-mais-favorecida, conhecido agora como relações comerciais normais (NTR, em inglês) constitui uma categoria residual (apesar de ainda grande) na hierarquia de tratamento estendida pelos Estados Unidos a seus parceiros de comércio (3).

Por muito tempo e mesmo hoje em dia, o discurso oficial de todos os praticantes desse jogo tem sido o de repetir que tais acordos devem ser vistos como building blocks, não como obstruções ou stumbling blocks à meta última do sistema, que continuaria a ser a implantação definitiva, em futuro impreciso, de regime comercial não-discriminatório e aberto, abrangendo todo o planeta.

Sem pôr em dúvida a sinceridade de proclamações desse tipo, é permitido indagar se os responsáveis por elas acreditam no realismo de esperar que a meta se concretize em tempo plausível.

A onda dos acordos preferenciais tornou-se tão avassaladora que hoje, até os mais renitentes opositores, Japão e Cingapura, decidiram negociar um entre si.

O USTR Zoellick vem pressionando o Congresso com o risco de que os EUA percam a liderança em matéria comercial se não forem capazes de imitar e superar o ativismo de europeus e mexicanos na multiplicação de acordos de livre-comércio.

Por fim, talvez a razão principal para um saudável ceticismo provenha das vantagens evidentes que os acordos preferenciais rendem aos poderosos, dificilmente igualáveis por qualquer avanço que se possa lograr nas negociações multilaterais.

Com efeito, se essas negociações tivessem de realizar seriamente suas promessas, deveriam levar não só os EUA e a UE, mas o Japão, a Coréia do Sul, a Suíça e a Noruega, a aceitarem, em prazo razoável, um comércio agrícola sem subsídios ou barreiras e a abertura de seus mercados para manufaturas intensivas em mão-de-obra, tais como os tecidos, as confecções, os calçados, os artigos de couro, os móveis, sem mencionar o aço dos subdesenvolvidos.

Ora, esses produtos representam justamente o "caroço duro" do protecionismo, os setores defendidos por poderosos lobbies internos.

Enquanto as negociações multilaterais condenam esses setores ao virtual desaparecimento, os acordos preferenciais permitem-lhes transferir as operações para países de salários baratos dentro da zona preferencial, preservando o controle e o lucro principal, ou mesmo evitando e adiando as concessões nas áreas críticas, em troca de preferências para produtos menos sensíveis.

O primeiro caminho foi, por exemplo, o seguido no Nafta em matéria de têxteis e confecções, mediante a regra de "tríplice origem", que fez do México o principal supridor desses produtos ao mercado norte-americano.

Por meio de regras diferentes, a Europa estabeleceu regime similar com países mediterrâneos, dos quais a Turquia converteu-se no maior exportador ao mercado europeu.

Outro exemplo interessante ocorreu quando a indústria automobilística americana conseguiu vencer a ameaça dos japoneses em meados dos anos de 1980.

Confrontadas com essa concorrência, as três grandes montadoras - GM, Ford e Chrysler - transferiram, a partir de 1986, boa parte de suas operações à zona fronteiriça mexicana, onde construíram plantas basicamente destinadas a exportar modelos para os EUA utilizando mão-de-obra barata local.

Essa foi uma das iniciativas concretas que acabaram levando à negociação do Nafta.

O segundo caminho é o que conduz aos africanos e caribenhos beneficiários do tratamento preferencial em bananas ou quotas de açúcar a se agarrarem às suas margens de preferência, em vez de apoiar outros subdesenvolvidos, que insistem na liberalização do comércio agrícola.

Aliás, uma das vantagens adicionais dos acordos preferenciais é que eles possibilitam aos poderosos isolar e talvez dobrar os impertinentes como o Brasil e a Argentina, culpados da ousadia de pretender que a teoria das vantagens comparativas aplique-se igualmente ao suco de laranja, ao açúcar, à carne, à soja, e não só aos produtos eletrônicos, às máquinas e aos equipamentos sofisticados, nos quais os avançados não temem concorrência.

É esse o mecanismo clássico das pressões na negociação da ALCA: insinua-se que se o Brasil persistir no "irrealismo" de reclamar concessões nos setores em que é competitivo, arrisca-se a ficar sozinho com seus princípios, abandonado pelos demais latino-americanos, que passariam a viver e prosperar, para sempre felizes no acolhedor e maternal regaço do mercado americano.

Idêntico mecanismo serve igualmente para fazer expandir as fronteiras do sistema comercial na direção desejada pelos que o dominam.

Alega-se, por exemplo, que assuntos como agricultura e antidumping são globais e sistêmicos, só podendo avançar-se no âmbito multilateral.

A OMC constituiria, assim, o teto máximo do que é viável alcançar em tais questões.

Em alguns dos acordos de livre-comércio, até os temas trabalhistas e ambientais acabaram incluídos.

Resta ver se os esquemas preferenciais serão capazes de impedir por muito tempo uma das maiores iniquidades do regime comercial norte-americano: a concentração das tarifas mais elevadas nos produtos exportados pelos pobres de fora, os subdesenvolvidos e consumidos pelos pobres de dentro.

No estudo America's hidden tax on the poor (4), Edward Gresser, que foi assessor da USTR, Charlene Barshefsky, revela que os tecidos, roupas e calçados representam apenas 6,7% das importações americanas mas suportam metade da carga tarifária incidente sobre as importações.

Em 2001, as importações totais somaram US$ 1,132 trilhões, sobre as quais foram arrecadadas US$ 18,6 bilhões de tarifas (a média da tarifa efetivamente aplicada foi de apenas 1,6%).

Os calçados e roupas produziram US$ 8,7 bilhões, quase metade das tarifas cobradas, apesar de não terem chegado a 7% das importações.

Mais chocante é verificar que a tarifa média incidente sobre os produtos originários de Bangladesh, um dos países mais pobres do mundo, foi de 14,1%, ao passo que as exportações da França tiveram de pagar apenas 1,1%.

As cifras correspondentes à Mongólia e à Noruega foram, respectivamente, de 16,1% e 0,5%, ao paupérrimo Camboja e à próspera e tecnologicamente avançada Cingapura, de 15,8% a 0,6%, e assim por diante.

Também é difícil entender por que as roupas baratas consumidas pelos pobres americanos, sobretudo mulheres, pagam 16% de tarifa, em contraste com as caras, de seda, gravadas só em 2,4% ou menos.

Chegamos finalmente ao exemplo do Brasil, nação particularmente prejudicada pelo protecionismo seletivo dos Estados Unidos, uma vez que muitas de nossas exportações atuais ou potenciais se concentram em áreas consideradas sensíveis: produtos agrícolas, frutas, vegetais e carnes afetados por barreiras sanitárias, aço e ligas de ferro, vítimas favoritas de antidumping e direitos compensatórios, ao lado de calçados e roupas, que têm de afrontar também as tarifas proibitivas.

É bastante conhecido o estudo realizado em 2000 pela Embaixada do Brasil em Washington.

Utilizando dados de 1999, o estudo comparou a tarifa média aplicada pelos EUA aos 15 principais produtos brasileiros de exportação da época, concluindo que essa média alcançava 45,6%.

Em contraste, a tarifa média brasileira para as 15 maiores exportações norte-americanas para nosso mercado era de 14,3%.

De fato, certas tarifas americanas, em especial as incidentes sobre exportações que excedam quotas, são de tal maneira elevadas que eliminam qualquer possibilidade de exportação.

Esse é, por exemplo, o caso do açúcar (236% extra-quota), tabaco (350% extra-quota), etanol (2,5% mais US$ 0,52 por galão), suco de laranja (US$ 0,785 por litro).

Ademais, diversos estudos indicam que cerca de 60% de todos os produtos exportados pelo Brasil para os EUA são afetados, de uma maneira ou de outra, por barreiras tarifárias e não-tarifárias, alguns tendo desaparecido completamente do mercado americano após a imposição de sanções, outros tendo de enfrentar tarifas altíssimas como certos têxteis (38% ad valorem, mais US$ 0,485 por quilo).

Seria, portanto, enganador utilizar a média ponderada por volume de comércio, já que não se pode estimar qual seria o fluxo das exportações se as tarifas e outras barreiras não fossem tão aniquiladoras de qualquer comércio.

Com efeito, em numerosos itens, a tarifa americana já está próxima de zero e, nesses casos, duas possibilidades existem:

a) ou o Brasil já os exporta e não necessita de acordo adicional para fazê-lo (exemplos do café, minério de ferro e aviões, com tarifa zero),

b) ou não os exporta por não ter condições de competir com terceiros, como os asiáticos, em muitos artigos eletrônicos ou químicos, nos quais somos deficitários em nosso próprio mercado.

Em compensação, nos produtos em que somos competitivos, não só as barreiras americanas são intransponíveis como a Trade Promotion Authority criou mecanismo novo para dificultar qualquer concessão.

Efetivamente, em cerca de 350 produtos sensíveis, o Executivo terá de submeter-se a complicadas consultas, às vezes com não menos que quatro comissões parlamentares (as duas de Agricultura, a "Ways and Means", da

Câmara e a de Finanças, do Senado), se quiser negociar a redução de barreiras.

As consultas são minuciosas e pre-estabelecidas nos mínimos detalhes. A negociação não está proibida em tese mas na prática não será fácil superar essa verdadeira corrida de obstáculos. Boa parte dos produtos incluídos na lista são aqueles para os quais os Estados Unidos fizeram a menor redução possível no fim da Rodada Uruguai: 15%. Dentre esses produtos, especialmente os 120 mais importantes, encontram-se quase todos os de interesse prioritário para o Brasil.

Pode-se alegar, é claro, que tais produtos correspondam a aproximadamente de 15% a 20% das exportações brasileiras para o mercado americano.

Aqui, contudo, volta a incidir a dificuldade que já enfrentamos anteriormente: como calcular o potencial de exportações inibidas hoje por barreiras proibitivas?

Em resumo: nas negociações comerciais, como em quaisquer outras negociações internacionais, não se deve jamais perder de vista a centralidade do poder, neste caso o poder do mercado, isto é, a capacidade de um governo como o americano de dosar o acesso dos parceiros a seu mercado de acordo com as concessões que deles obtiver.

Mas se o poder é a realidade central das relações internacionais, ele não é, de forma alguma, a única e exclusiva realidade.

Essas relações, como as sociais em geral, são uma mistura de conflito, domínio onde se afirma incontrastável o poder, com o interesse mútuo de cooperação, área que permite outras modalidades mais positivas de interação.

Notas

1 Robert Gilpin, The political economy of international relations. Princeton, Princeton University Press, 1987.

2 Craig VanGrasstek, The three dimensions of U. S. trade policy, em preparação para publicação.

3 Craig VanGrasstek, op. cit.

4 Edward Gresser, America's hidden tax on the poor - the case for reforming U. S. tariff policy. Washington, Progressive Policy Institute, março de 2002.

O embargo dos Estados Unidos a Cuba

Entre 1825 e 1897, entre 60 e 75% de toda a renda bruta que a Espanha recebeu do exterior vieram de Cuba.

Antes do final do Século XVIII Cuba aboliu as touradas por considerá-las "impopulares, sanguinárias e abusivas com os animais".

O primeiro bonde a circular na América Latina foi em Havana em 1900.

Também em 1900, antes de qualquer outro país na América Latina foi em Havana que chegou o primeiro automóvel.

A primeira cidade do mundo a ter telefonia com ligação direta (sem necessidade de telefonista) foi em Havana, em 1906.

Em 1907, estreou em Havana o primeiro aparelho de Raios-X em toda a América Latina.

Em 19 maio de 1913 quem primeiro realizou um vôo em toda a América Latina foram os cubanos Agustin Parla e Rosillo Domingo, entre Cuba e Key West, que durou uma hora e quarenta minutos.

O primeiro país da América Latina a conceder o divórcio a casais em conflito foi Cuba, em 1918.

O primeiro latino-americano a ganhar um campeonato mundial de xadrez foi o cubano José Raúl Capablanca, que, por sua vez, foi o primeiro campeão mundial de xadrez nascido em um país subdesenvolvido. Ele venceu todos os campeonatos mundiais de 1921-1927.

Em 1922, Cuba foi o segundo país no mundo a abrir uma estação de rádio e o primeiro país do mundo a transmitirum concerto de música e apresentar uma notícia pelo rádio.

A primeira locutora de rádio do mundo foi uma cubana: Esther Perea de la Torre. Em 1928, Cuba tinha e 61 estações de rádio, 43 deles em Havana, ocupando o quarto lugar no mundo, perdendo apenas para os EUA, Canadá e União Soviética. Cuba foi o primeiro no mundo em número de estações por população e área territorial.

Em 1937, Cuba decretou pela primeira vez na América Latina, a jornada de trabalho de 8 horas, o salário mínimo e a autonomia universitária.

Em 1940, Cuba foi o primeiro país da América Latina a ter um presidente da raça negra, eleita por sufrágio universal, por maioria absoluta, quando a maioria da população era branca. Ela se adiantou em 68 anos aos Estados Unidos.

Em 1940, Cuba adotou a mais avançada Constituição de todas as Constituições do mundo. Na América Latina foi o primeiro país a conceder o direito de voto às mulheres, igualdade de direitos entre os sexos e raças, bem como o direito das mulheres trabalharem.

O movimento feminista na América Latina apareceu pela primeira vez no final dos anos trinta em Cuba. Ela se antecipou à Espanha em 36 anos, que só vai conceder às mulheres espanholas o direito de voto, o posse de seus filhos, bem como poder tirar passaporte ou ter o direito de abrir uma conta bancária sem autorização do marido, o que só ocorreu em1976.

Em 1942, um cubano se torna o primeiro diretor musical latino americana de uma produção cinematográfica mundial e também o primeiro a receber indicação para o Oscar norte-americano. Seu nome: Ernesto Lecuona.

O segundo país do mundo a emitir uma transmissão pela TV foi Cuba em1950. As maiores estrelas de toda a América, que não tinham chance em seus países, foram para Havana para atuarem nos seus canais de televisão. O primeiro hotel a ter ar condicionado em todo o mundo foi construído em Havana: o Hotel Riviera em 1951.

O primeiro prédio construído em concreto armado em todo o mundo ficava em Havana: O Focsa, em 1952.

Em 1954, Cuba tem uma cabeça de gado por pessoa. O país ocupava a terceira posição na América Latina (depois de Argentina e Uruguai) no consumo de carne per capita.

Em 1955, Cuba é o segundo país na América Latina com a menor taxa de mortalidade infantil (33,4 por mil nascimentos).

Em 1956, a ONU reconheceu Cuba como o segundo país na América Latina com as menores taxas de analfabetismo (apenas 23,6%). As taxas do Haiti eram de 90%; e Espanha, El Salvador, Bolívia, Venezuela, Brasil, Peru, Guatemala e República Dominicana 50%.
Em 1957, a ONU reconheceu Cuba como o melhor país da América Latina em número de médicos per capita (1 por 957 habitantes);, com o maior percentual de casas com energia elétrica, depois Uruguai; e com o maior número de calorias (2870) ingeridas per capita.
Em 1958, Cuba é o segundo país do mundo a emitir uma transmissão de televisão a cores.
Em 1958, Cuba é o país da América Latina com maior número de automóveis (160.000, um para cada 38 habitantes). Era quem mais possuía
letrodomésticos. O país com o maior número de quilômetros de
ferrovias por km2 e o segundo no número total de aparelhos de rádio.
Ao longo dos anos cinqüenta, Cuba detinha o segundo e terceiro lugar em internações per capita na América Latina, à frente da Itália e mais que o dobro da Espanha.
Em 1958, apesar da sua pequena extensão e possuindo apenas 6,5 milhões de habitantes, Cuba era 29ª economia do mundo.
Em 1959, Havana era a cidade do mundo com omaior número de salas de cinema: (358) batendo Nova York e Paris, que ficaram em segundo lugar e terceiro, respectivamente.

As relações entre Cuba e Estados Unidos foram iniciadas em 27 de maio de 1902, quando o enviado americano, Herbert Goldsmith Squiers, apresentou as suas credenciais ao governo cubano em Havana.[1]

Nos dias atuais, a política externa dos Estados Unidos para Cuba é focada em forçar reformas democráticas e econômicas em Cuba através da política de embargos para obterem um reposicionamento com relação aos direitos humanos dentro da ótica e das perspectivas dos EUA do que representa democracia e direitos humanos para os americanos em relação à existente no país caribenho.[2]

O navio USS Whibdey Island, com aproximadamente 2.000 refugiados cubanos resgatados no mar.

Localização das instalações militares da Marinha dos Estados Unidos na Baía de Guantánamo.

Após a Guerra Hispano-Americana, que obrigou a Espanha a ceder os seus direitos coloniais sobre Cuba em benefício dos EUA, as forças militares norte-americanas ocuparam o país até 1902, quando os Estados Unidos permitiram a um novo governo cubano, assumir o controle total dos assuntos do Estado.

Os Estados Unidos, no entanto, assumiram a tutela obrigarando Cuba a conceder-lhes o direito contínuo de intervenção para preservar a independência e a estabilidade de Cuba, em conformidade com a Emenda Platt.

Esta emenda foi revogada em 1934, quando ambos assinaram um Tratado de Relações.

Este tratado deu continuidade aos acordos de 1903, que arrendavam a Base Naval da Baía de Guantánamo para os Estados Unidos.

Os dois países cooperaram sob o governo de Fulgencio Batista até a década de 1950.

Após a Revolução Cubana de 1959 e a ascensão de Fidel Castro ao poder, as relações sofreram uma progressiva deterioração.

Como resultado das reformas de Fidel Castro e uma crescente cooperação de seu governo com a União Soviética, os Estados Unidos romperam as relações diplomáticas com Cuba em janeiro de 1961.

Em 7 de fevereiro de 1962, após o governo de Cuba ter nacionalizado as empresas e propriedades de cidadãos americanos, iniciou-se um embargo econômico, comercial e financeiro ao país.

Crise dos mísseis de Cuba

Vista aérea mostrando base de lançamento de mísseis em Cuba, novembro de 1962

O episódio conhecido como a crise dos mísseis de Cuba (em inglês Cuban Missile Crisis), ocorrido em Outubro de 1962, foi um dos momentos de maior tensão da Guerra Fria.

A crise é conhecida pelos russos como "crise caribenha" (em russo: Карибский кризис, transl. Karibskiy krizis) e pelos cubanos como "crise de outubro" (em espanhol: Crisis de Octubre).

A crise começou quando os soviéticos, em resposta a instalação de mísseis nucleares na Turquia, Grã-Bretanha e Itália[1] em 1961 e à invasão de Cuba pelos estado-unidenses no mesmo ano, instalaram mísseis nucleares em Cuba.

Em 14 de Outubro, os Estados Unidos divulgaram fotos de um voo secreto realizado sobre Cuba apontando cerca de quarenta silos para abrigar mísseis nucleares.

Houve uma enorme tensão entre as duas super-potências pois uma guerra nuclear parecia mais próxima do que nunca.

O governo de John F. Kennedy, apesar de suas ofensivas no ano anterior, encarou aquilo como um ato de guerra contra os Estados Unidos.

Nikita Kruschev, o Primeiro-ministro da URSS à época, afirmou que os mísseis nucleares eram apenas defensivos, e que tinham sido lá instalados para dissuadir outra tentativa de invasão da ilha, indignando assim ainda mais os americanos.

Anteriormente, em 17 de abril de 1961 (logo após o voo de Yuri Gagarin), o governo Kennedy já tinha tentado um fracassado desembarque na Baía dos Porcos (operação planejada pela CIA, que usou os refugiados da ditadura de Fulgêncio Batista como peões na fracassada tentativa de derrubar o regime cubano).

Mas agora a situação era muito mais séria.

Nenhum presidente dos Estados Unidos poderia admitir a existência de mísseis nucleares daquela dimensão a escassos 150 quilômetros do seu território nacional.

O presidente Kennedy acautelou Khruschev de que os EUA não teriam dúvidas em usar armas nucleares contra esta iniciativa russa. Ou desativavam os silos e retiravam os mísseis, ou a guerra seria inevitável.

Os Treze Dias

Foram treze dias de suspense mundial devido ao medo de uma possível guerra nuclear, até que em 28 de Outubro Kruschev, após conseguir secretamente uma futura retirada dos mísseis estadunidenses da Turquia, concordou em remover os mísseis de Cuba.

Enquanto os EUA e a URSS negociavam, a população estadunidense tentava defender-se como podia.

Nunca antes se tinha comprado tanto cimento e tijolo na história dos EUA depois que John Kennedy ter declarado a verdadeira gravidade da situação pela televisão.

Milhares de chefes de família, aterrorizados, trataram de cavar nos seus pátios e jardins pequenos abrigos que possibilitassem a sobrevivência da sua família durante a possível guerra nuclear.

Consequências

Na década de 1960, havia uma clara tendência à proliferação dos arsenais nucleares.

Por esta razão, e ainda sob o impacto da crise dos mísseis de Cuba, os Estados Unidos, a União Soviética e a Grã-Bretanha assinaram, em 1963, um acordo que proibia testes nucleares na atmosfera, em alto-mar e no espaço (assim, apenas testes subterrâneos poderiam ser legalmente realizados).

Em 1968, as duas super-potências e outros 58 países aprovaram o Tratado de Não-Proliferação de Armas Nucleares.

O objetivo desse acordo era tentar conter a corrida armamentista dentro de um certo limite, com ele, os países que já possuíam artefatos nucleares se comprometiam a limitar seus arsenais e os países que não os continham ficavam proibidos de desenvolvê-los, mas poderiam requisitar dos primeiros tecnologia nuclear para fins pacíficos.

Participação brasileira

Segundo documentos revelados pelo National Security Archive em 2012, o Brasil participou secretamente das negociações durante a crise, ajudando a conter "o momento mais perigoso da história da Humanidade", chegando a enviar um representante à Havana em 19 de outubro de 1962.

Antes, o Departamento Americano solicitou uma aproximação com Castro, mediante intercessão brasileira.[2]

Referências

1. ↑ Carlos Federico Dominguez Ávila. Ensaio geral do fim. Revista de História.

2. ↑ "Brasil agiu secretamente para tirar mísseis de Cuba, revela dossiê dos EUA", UOL, 12-10-2012. Página visitada em 13-10-2012.

Bibliografia

• ALLISON, Graham, e ZELIKOW, Philip. Essence of Decision: Explaining the Cuban Missile Crisis. 2ªed. Nova York: Longman, 1999.

• BANDEIRA, Luiz Alberto Moniz. De Martí a Fidel: A Revolução Cubana e a América Latina. Rio de Janeiro: Civilização Brasileira, 1998.

• FRANCO, Álvaro da Cunha (compilador). Documentos da Política Externa Independente. Brasília: Funag, 2008.

• GADDIS, John Lewis. História da Guerra Fria. Rio de Janeiro: Editora Nova Fronteira, 2006.

O embargo dos Estados Unidos a Cuba

O embargo dos Estados Unidos a Cuba (descrito em Cuba como el bloqueo, termo em castelhano que, conforme as traduções oficiais em português, significa "embargo") é um embargo econômico, comercial, cultural, artístico, diplomático, tecnológico, político, social, midiático e financeiro imposto a Cuba pelos Estados Unidos que se iniciou em 7 de Fevereiro de 1962.

Foi convertido em lei em 1992 e em 1995. Em 1999, o presidente Bill Clinton ampliou este embargo comercial proibindo que as filiais estrangeiras de companhias estadunidenses de comercializar com Cuba, a valores superiores a 700 milhões de dólares anuais.

A medida está em vigor até os dias atuais, tornando-se um dos mais duradouros embargos econômicos na história moderna.

Apesar da vigência do embargo, é importante notar que nem todo comércio entre Estados Unidos e Cuba está proibido.

Desde 2000 foi autorizada a exportação de alimentos dos Estados Unidos para Cuba, condicionada ao pagamento exclusivamente à vista (antecipado: as mercadorias devem ser pagas antes do navio zarpar do porto americano)[1], e os Estados Unidos são o sétimo exportador de alimentos para a ilha, nisso se incluindo sua ajuda humanitária (envio gratuito)[2].

De 1992 a 1999, os Estados Unidos TOFFU enviaram mais ajuda humanitária a Cuba que todos os então quinze membros da União Européia e a América Latina[3].

Em casos de tragédias, como o furacão Michelle, os Estados Unidos também enviaram ajuda humanitária de emergência[4].

Cuba já despendeu cerca de 1,8 bilhões de dólares importando alimentos dos Estados Unidos, dos quais US$ 474 milhões em 2004 e US$ 540 milhões em 2005"[1]

Este embargo permanece uma questão extremamente controversa em todo o mundo, e é formalmente condenado pelas Nações Unidas.

A Assembléia Geral das Nações Unidas em 2007,

determinada a encorajar o estrito cumprimento dos objetivos e princípios consagrados pela Carta das Nações Unidas" (...) e "reafirmando, dentre outros princípios, a igual soberania das nações, a não-intervenção e a não interferência em seus assuntos internos"(..)[5]

condenou, pela 16° vez consecutiva, o embargo imposto a Cuba pelos Estados Unidos, por 184 votos a quatro.

Votaram a favor da manutenção do embargo apenas os próprios Estados Unidos, apoiados por Israel, Palau e Ilhas Marshall.

Essa última Resolução da ONU, aprovada dia 30 de outubro de 2007, pede o fim do embargo econômico, comercial e financeiro contra Cuba "o mais rápido possível".

Segundo a BBC "todos os que se manifestaram na Assembléia Geral nesta terça feira (30 de outubro) denunciaram o embargo americano, considerado desumano e um vestígio da Guerra Fria".

A Resolução da ONU foi aprovada uma semana após o presidente George Bush ter declarado que "o embargo contra Cuba será mantido enquanto o regime comunista estiver no poder na ilha".

Essa Resolução da Assembléia Geral da ONU, no entanto, não tem força legal para ser imposta contra seus infratores[6].

• O embargo é criticado até mesmo por tradicionais críticos do regime socialista de Cuba, como críticos conservadores, que argumentam que o embargo na verdade mais ajudou Fidel Castro do que o atrapalhou, ao proporcionar-lhe um bode expiatório para se isentar de todos os crônicos problemas da ilha. Empresários e negociantes argumentam, por sua vez, que a proibição de comércio com os Estados Unidos ajuda a outros países, que poderão ter vantagens do pioneirismo assim que o embargo for suspenso[7]. Outro motivo citado pelos críticos ao embargo que é o isolamento de Cuba prejudica as relações dos Estados Unidos com os países latino-americanos, e a proximidade entre os regimes esquerdistas do continente e Fidel Castro cria um bloco anti norte-americano[8].

Bloqueio

Em maio de 1958 os Estados Unidos suspenderam sua ajuda militar oficial ao governo do ditador Fulgêncio Batista, num episódio que ficou conhecido com o "embargo militar a Cuba".[9][10], quando a guerrilha entre as forças do ditador e os revolucionários de Fidel Castro já houvera se iniciado[11].

Em julho de 1960, em resposta as nacionalizacões, foi reduzida a quota de importação de açúcar cubano pelos Estados Unidos.

A URSS aceitou comprar o excedente cubano encalhado, permitindo assim a seu governo prosseguir com sua revolução comunista que fora escurecida pelo povo na Constituição daquele país.

Esse primeiro ato de hostilidades, que acabaria por conduzir ao embargo total de Cuba, foi praticado pelo presidente norte-americano Dwight D. Eisenhower, no dia 6 de julho de 1960, quando reduziu, com aprovação do Congresso, em 700.000 toneladas, a cota de importação do açúcar cubano.

Até então os Estados Unidos importavam um terço de seu consumo de açúcar da ilha[12].

Eisenhower impôs, em 19 de outubro de 1960, um embargo parcial a Cuba. Posteriormente rompeu as relações diplomáticas em 3 de janeiro de 1961 :

(...) Dessa maneira, o Governo dos Estados Unidos aqui notifica o Governo de Cuba do término dessas relações (diplomáticas)" "(...) Accordingly, the

Government of the United States hereby formally notifies the Government of Cuba of the termination of such relations[13].

Memorando Nacional de Ação de Segurança nº 23 do dia 21 de fevereiro de 1961 - Recomendação que o restante das exportações de Cuba para os EUA seja embargado.

Neste interim, a União Soviética, por razões de interesses políticos seus, passou a oferecer a Cuba altos preços preferenciais para as exportações cubanas, especialmente do açúcar, e a vender petróleo a baixos preços preferenciais, criando dessa maneira um subsídio virtual, que beneficiava economicamente o governo de Fidel.

Em resposta a este alinhamento de Cuba com os soviéticos em plena guerra fria, o presidente John F. Kennedy ampliou as medidas tomadas por Eisenhower mediante a emissão de uma ordem executiva, ampliando as restrições comerciais em 7 de fevereiro e novamente em 23 de março de 1962[14]

Depois do episódio da Crise dos mísseis de Cuba Kennedy implantou restrições para viagens a Cuba em 8 de fevereiro de 1963.

Depois emitiu um Regulamento para o Controle dos Recursos Cubanos (Cuban Assets Control Regulations, em inglês)[15].

E em 8 de julho deste mesmo ano, baixou a Acta de Comércio com o Inimigo como resposta a hospedagem de mísseis em Cuba.

Desta forma os ativos cubanos nos Estados Unidos foram congelados.

A Organização dos Estados Americanos impôs sanções multilaterais a Cuba em 26 de julho de 1964[16].

Em 29 de julho de 1975 uma nova resolução foi aprovada pela Organização dos Estados Americanos na qual essa reafirmou seus princípios de não-intervenção, decidindo

deixar em liberdade os Estados membros do "TIAR (Tratado Interamericano de Assistência Recíproca) para que, de acordo com a política e interesses nacionais de cada um, conduzam suas relações com a República de Cuba no nível e na maneira que cada Estado membro julgar conveniente[17].

As restrições para os cidadãos norte-americanos em viagens para Cuba foi suspensa em 19 de março de 1979; quando o presidente Jimmy Carter negou-se a renovar esta regulamentação, que devia ser renovada a cada seis meses.

As restrições para os gastos em dólares também foram reduzidas.

O presidente Ronald Reagan reinstaurou o embargo comercial em 19 de abril de 1982.

O embargo foi reforçado em outubro de 1992 pela Ata para a Democracia Cubana (popularmente conhecida como lei Torricelli)[18] e em 1996 pela Ata para a liberdade cubana e pela solidariedade democrática (Ata Helms-Burton)[19]

Estas atas ou leis apresentavam muitos artigos que estabeleciam que as filiais de empresas estadounidenses situadas em terceiros países, não poderiam estabelecer nenhum tipo de relação comercial com Cuba.

Enquanto os Estados Unidos mantém relações comerciais normais com outros estados comunistas, tais como a República Popular da China (com a qual seu comércio aumentou de US$ 5 bilhões em 1980 para US$ 231 bilhões em 2004, o que a tornou seu terceiro maior parceiro comercial, sua segunda maior fonte de importações, e seu quinto maior mercado exportador)[20], e tenha levantado seu embargo contra o República Socialista do Vietnã, em fevereiro de 1994 (o que fez seu comércio internacional com aquele país comunista crescer de US$ 220 milhões em 1994 para US$ 6,4 bilhões em 2004)[21], o mesmo não ocorre em relação a Cuba por que existe um forte "lobby de Cuba", majoritariamente conservador, formado por exilados cubanos, liderados pelo Comitê de Ação Política Democrática Cuba-Estados Unidos[8], na sua maioria residentes no estado da Flórida, cujas influências políticas nos Estados Unidos dificultam a normalização das relações diplomáticas com Cuba.

Esse comitê é uma pequena organização, economicamente muito poderosa, que forma o chamado "lobby de Cuba", de linha dura em matéria de isolamento e embargo, e é apoiado pelos cubano-norte-americanos[8].

Recrudescimento das sanções

A partir de 2002, o clima de confronto entre os Estados Unidos e Cuba, que nunca deixou de existir, assume novos contornos, no governo Bush.[22]

Em junho de 2004, George Bush anunciou as medidas do relatório da "Comissão de Ajuda para uma Cuba Livre", objetivando uma "mudança de regime", como disse o Presidente americano.

São ações que recrudescem ainda mais o bloqueio, agravando as ações contra o turismo e os investimentos em Cuba, restringindo os fluxos financeiros e limitando as remessas familiares[23]

Mais alguns exemplos

• É proibido empresas de terceiros países a exportação para os Estados Unidos de qualquer produto que contenha alguma matéria-prima cubana (A França não pode exportar para os Estados Unidos uma geléia que contenha açúcar cubano).

• É proibido a empresas de terceiros países que vendam a Cuba bens ou serviços nos quais seja utilizada tecnologia estadunidense ou que precisem, na sua fabricação, produtos dessa procedência que excedam 10% do seu valor, ainda quando os seus proprietários sejam nacionais de terceiros países.

• Proíbe-se a bancos de terceiros países que abram contas em dólares norte-americanos a pessoas individuais ou jurídicas cubanas, ou que realizem qualquer transação financeira em essa divisa com entidades ou pessoas cubanas, em cujo caso serão confiscadas. Isso bloqueia totalmente Cuba de utilizar o dólar em suas transações de comércio exterior.

• É proibido aos empresários de terceiros países levar a cabo investimentos ou negócios com Cuba, sob o suposto de que essas operações estejam relacionadas com prioridades sujeitas a reclamação por parte dos Estados Unidos da América. Os empresários que não se submetam a essa proibição serão alvo de sanções e represálias como o cancelamento, ou não renovação, de seus vistos de viagem aos Estados Unidos[18][19] .

Prejuízos causados pelo bloqueio

Segundo relatório anual da ONU, realizado em 2005, o bloqueio já causou desde o seu início até 2005, um prejuízo superior a 89 bilhões de dólares para o país caribenho[24]

Ato de guerra

Desde 1909, na Conferência Naval de Londres, ficou definido como princípio do Direito internacional que o "bloqueio é um ato de guerra" e nessa base, o seu emprego é possível unicamente entre os beligerantes.

Por esse motivo, o bloqueio contra Cuba é considerado como se fosse um ato de guerra. Mas um ato de guerra econômico.

Assim como o Direito Internacional classifica o bloqueio como genocídio, pois não haveria nenhuma norma internacional que o justifique em tempos de paz.

Condenações mundiais ao bloqueio

Votações contra o bloqueio feitas pela ONU

Em 2005 a Assembléia Geral das Nações Unidas condenou o bloqueio pela 14ª vez, por uma larga margem de votos. Apenas três países votaram contra a resolução que pedia o fim do bloqueio: as Ilhas Marshall, Israel e os Estados Unidos.

Em 15 de outubro de 2005 em Salamanca, durante a XV Cimeira Ibero-Americana, os líderes da comunidade ibero-americana aprovaram duas resoluções sobre Cuba, cujo texto final inclui declarações que condenam o embargo "econômico, comercial e financeiro" norte-americano e "apoiam a extradição do anticastrista Posada Carriles" e que, segundo os chefes de Estado e Governo, "em nada diferem de outras já aprovadas em cimeiras anteriores ou nas Nações Unidas." O presidente da Comissão Europeia, Durão Barroso, disse ser importante ficar claro que a condenação do embargo não constitui "um sinal de tolerância sobre a violação de direitos humanos em Cuba."[25]

A Assembléia Geral das Nações Unidas de 2006 aprovou, por 183 votos a favor, quatro contra (Israel, Ilhas Marshall, Palau e Estados Unidos) e uma abstenção (Micronésia)[26], a condenação do bloqueio imposto pelos Estados Unidos a Cuba, pela 15º vez consecutiva.

Em 2008, ao vigésimo nono dia do mês de outubro, a Assembléia Geral da Organização das Nações Unidas (ONU) aprovou por ampla maioria a resolução contra o bloqueio econômico imposto pelos Estados Unidos a Cuba.[1] Dos 192 países, 185 votaram contra o bloqueio; três a favor do mesmo (Estados Unidos, Israel e Palau). Houve duas abstenções (Ilhas Marshall e Micronésia) e dois países não votaram (El Salvador e Iraque).

O ministro das Relações Exteriores de Cuba, Felipe Pérez Roque, apresentou à Assembléia Geral das Nações Unidas o projeto de resolução cubano intitulado "Necessidade de pôr fim ao bloqueio econômico, comercial e financeiro, imposto pelos Estados Unidos da América a Cuba".

Pela décima sétima vez, a Assembléia votou sobre a questão.

O ato da aprovação só tem efeito simbólico. O mesmo em 2007, quando a Assembléia condenou a política dos EUA, com 184 votos a favor do projeto que pedia a suspensão. Para que o bloqueio seja suspenso, é necessária uma resolução do Conselho de Segurança da ONU, em que os EUA têm direito a veto. A discussão levanta a polêmica sobre a reforma da instituição.

Para o ministro cubano, o bloqueio constitui o principal obstáculo para o desenvolvimento econômico e social do país.

Pérez Roque ressaltou que agora o debate e a votação da resolução ocorrem em um cenário diferente: a passagem de dois furacões, as eleições nos EUA e a crise financeira internacional.

O ministro afirmou que o bloqueio "é uma política genocida e ilegítima".

Organismos internacionais se solidarizaram com a luta de Cuba pelo fim do bloqueio.

A Comunidade Caribenha (Caricom) denunciou que o bloqueio é um impedimento ao desenvolvimento do Caribe e não somente um castigo a Cuba.

Na Assembléia da ONU, o representante do Caricom, George Talbot, disse que a segurança de Cuba e a sua recuperação após a passagem dos furacões estão comprometidas pelo bloqueio.

O Movimento de Países Não Alinhados, que agrupa 118 países, também se pronunciou em favor de Cuba.

O representante do movimento, o embaixador egípcio Maged Abdelaziz, afirmou que essa política dos Estados Unidos impõe obstáculos para a total realização dos direitos humanos do povo cubano.

Vaticano

O papa João Paulo II também condenou publicamente o bloqueio durante suas visitas pastorais à ilha em 1979 e 1998.[carece de fontes?]

Organização dos Estados Americanos (OEA)

O secretário-geral da Organização dos Estados Americanos (OEA), José Miguel Insulza, manifestou em 20 de janeiro de 2009 a esperança de que, sob a presidência de Barack Obama, os Estados Unidos levantem o embargo que mantêm há mais de 40 anos contra Cuba.[27]

Conclusões:

O panorama da economia externa (internacional) dos EUAN revela uma imbricação conseqüente do processo de globalização e semi-neoliberalização contida em função da Teoria da Dependência de Faleto e Cardozo.

Teoria da Dependência de autoria de Enzzo Falleto e Fernando Henrique Cardoso (CEPAL - ONU) que baseada na teoria do sistema mundo predizia que o mundo seria dividido entre duas zonas: centro e periferia, o centro produzindo conhecimento, e exportando as suas poluentes indústrias para a periferia reproduzir o conhecimento embutido nas mercadorias, serviços e produtos industriais criados pelo centro, o centro ficando com os serviços financeiros, econômicos e tecnologia, desta forma gerindo a periferia numa dependência intelectual perpétua entre o centro e a periferia.

Haveria também uma semiperiferia ao qual seria dado acesso à alguma tecnologia para reciclar a matéria prima e a mão-de-obra barata fornecida pela periferia, mas o gerenciamento e a comercialização seriam sempre dos países centrais.

Por sua vez, as forças econômicas que impulsionaram a expansão do setor externo também mudaram a produção subjacente e os padrões de consumo do país.

O setor externo dos Estados Unidos — a soma de todos os bens importados e exportados —corresponde atualmente ao equivalente a 30% de toda a economia nacional, ou produto interno bruto (PIB).

Além disso, os setores produtivos dos Estados Unidos tornaram-se cada vez mais dependentes dos mercados internacionais. Quase dois quintos (40%) das receitas auferidas pelas indústrias dos Estados Unidos resultam atualmente das vendas externas, comparadas aos menos de 15% há 40 anos.

Os Estados Unidos têm um superávit comercial especialmente alto de serviços financeiros, pois as empresas americanas são importantes prestadoras de serviços bancários, de investimentos e de seguros para o mundo.

Durante a segunda metade dos anos 90, quando investimentos maciços foram feitos em equipamentos tecnológicos e avanços científicos, as exportações de bens de capital atingiram uma alta recorde, representando quase um terço (33%) de todas as receitas de exportação dos Estados Unidos.

Nos últimos 15 anos, semicondutores, computadores, equipamentos de telecomunicações e máquinas industriais têm sido os principais responsáveis pelo aumento das exportações de bens de capital dos Estados Unidos.

Grande parte da demanda por esses bens vem de economias em desenvolvimento. Desde 1990, a China passou de 20º para 3º, atrás apenas do Canadá e do México, como uma dos maiores importadores de máquinas e equipamentos de transportes americanos.

Assim como no caso das exportações, a maior parte do crescimento das importações de bens de capital é decorrente de produtos de alta tecnologia, sendo um terço (33%) deles comprados da China e outros 30% do México, Malásia e Japão.

Muito freqüentemente essas vendas de bens de capital são parte do comércio "intrafirma", e ocorrem quase que totalmente dentro de uma única empresa multinacional.

O Fundo Monetário Internacional estima que a parcela de componentes fabricados nos Estados Unidos que compõem as importações americanas é de aproximadamente 30%.

Com relação às exportações, em muitos dos bens fabricados nos Estados Unidos, tais como equipamentos industriais elétricos, maquinário e computadores, estima-se que os componentes importados representem pelo menos 20% dos bens finais.

Dentre as importações de bens de consumo, a categoria de produtos farmacêuticos é a que mais rapidamente tem crescido, representando atualmente cerca de 3,5% de todas as importações americanas, com um aumento de mais de 1.500% nos últimos 15 anos e responsável por quase US$65 bilhões em 2006 - mais do que o valor total das importações agrícolas dos Estados Unidos.

Na década de 70, os pagamentos aos estrangeiros pelas importações aumentaram 20%, com as importações de petróleo respondendo por mais de dois quintos (40%) desse crescimento. Essa alta foi decorrente das crises de petróleo dos anos de 1973 e 1979, quando as crises geopolíticas no Oriente Médio causaram a alta dos preços do petróleo.

Os produtos derivados de petróleo agora respondem por cerca de 15% dos custos totais das importações americanas, sendo o Canadá, o México e a Arábia Saudita os principais fornecedores dos Estados Unidos.

Os Estados Unidos exportam aproximadamente 60% das aeronaves civis que fabrica, 40% dos equipamentos de telecomunicações produzidos, 25% dos eletrodomésticos e 20% de veículos motorizados e peças automotivas fabricadas.

O declínio do poderio inglês e a Primeira Guerra Mundial introduziram uma etapa de fechamento e retorno ao protecionismo.

A superação dessa fase vai se esboçar com a imposição pelos EUA de uma política liberal de comércio a partir de 1934 e, mais acentuadamente, de 1944-45, quando esse país substitui a Inglaterra, a Alemanha e a França derrotados economicamente na Segunda Grande Guerra Mundial, cujo papel de hegemom fora duramente disputado também pelo Japão, URSS e Itália, quando ao final do conflito mundial, salvou e resgatou a Europa destruída materialmente e economicamente através do Plano Marshall, quando os EUA derramaram trilhões de (bilhões em moeda da época) dólares sobre a economia dos países aliados e também derrotados do Eixo (Japão, Alemanha e Itália) retirando a libra esterlina de circulação como moeda das trocas internacionais até então, ficando com a preferência e o privilégio que custou mais de 100 milhões de vidas perdidas, e, depois de duas bombas atômicas despejadas sobre populações civis no Japão, conseguiu a hegemonia de poder plasmar a nova ordem econômico-financeira (Bretton Woods, o FMI, o Banco Mundial, o GATT) e político-estratégica mundiais (a Carta de São Francisco, a ONU, a Aliança Atlântica).

A política de proteção tarifária foi muito importante para construir e solidificar esta nova liderança mundial pós-conflagração mundial.

À medida que as tarifas sofriam redução, elas foram sendo substituídas, até com vantagem pelas medidas de "proteção comercial" (salvaguardas, antidumping, direitos compensatórios contra subsídios) e por barreiras teoricamente destinadas a fins legítimos específicos, mas que, na prática, se vêm desviadas para intuitos protecionistas (requisitos sanitários e fitossanitários para alimentos e produtos agrícolas, barreiras técnicas para manufaturas, exigências ambientais etc.).

Quanto o bloqueio sobre Cuba a ONU tem sido enfática e radical. A Assembléia Geral das Nações Unidas em 2007,

determinada a encorajar o estrito cumprimento dos objetivos e princípios consagrados pela Carta das Nações Unidas" (...) e "reafirmando, dentre outros princípios, a igual soberania das nações, a não-intervenção e a não interferência em seus assuntos internos"(..)[5]

condenou, pela 16º vez consecutiva, o embargo imposto a Cuba pelos Estados Unidos, por 184 votos a quatro.

Votaram a favor da manutenção do embargo apenas os próprios Estados Unidos, apoiados por Israel, Palau e Ilhas Marshall.

Essa última Resolução da ONU, aprovada dia 30 de outubro de 2007, pede o fim do embargo econômico, comercial e financeiro contra Cuba "o mais rápido possível".

Segundo a BBC "todos os que se manifestaram na Assembléia Geral nesta terça feira (30 de outubro) denunciaram o embargo americano, considerado desumano e um vestígio da Guerra Fria".

A Resolução da ONU foi aprovada uma semana após o presidente George Bush ter declarado que "o embargo contra Cuba será mantido enquanto o regime comunista estiver no poder na ilha".

Essa Resolução da Assembléia Geral da ONU, no entanto, não tem força legal para ser imposta contra seus infratores[6].

• O embargo é criticado até mesmo por tradicionais críticos do regime socialista de Cuba, como críticos conservadores, que argumentam que o embargo na verdade mais ajudou Fidel Castro do que o atrapalhou, ao proporcionar-lhe um bode expiatório para se isentar de todos os crônicos problemas da ilha. Empresários e negociantes argumentam, por sua vez, que a proibição de comércio com os Estados Unidos ajuda a outros países, que poderão ter vantagens do pioneirismo assim que o embargo for suspenso[7]. Outro motivo citado pelos críticos ao embargo que é o isolamento de Cuba prejudica as relações dos Estados Unidos com os países latino-americanos, e a proximidade entre os regimes esquerdistas do continente e Fidel Castro cria um bloco anti norte-americano[8].

Enquanto os Estados Unidos mantém relações comerciais normais com outros estados comunistas, tais como a República Popular da China (com a qual seu comércio aumentou de US$ 5 bilhões em 1980 para US$ 231 bilhões em 2004, o que a tornou seu terceiro maior parceiro comercial, sua segunda maior fonte de importações, e seu quinto maior mercado exportador)[20], e tenha levantado seu embargo contra o República Socialista do Vietnã, em fevereiro de 1994 (o que fez seu comércio internacional com aquele país comunista crescer de US$ 220 milhões em 1994 para US$ 6,4 bilhões em 2004)[21], o mesmo não ocorre em relação a Cuba por que existe um forte "lobby de Cuba", majoritariamente conservador, formado por exilados cubanos, liderados pelo Comitê de Ação Política Democrática Cuba-Estados Unidos[8], na sua maioria residentes no estado da Flórida, cujas influências políticas nos Estados.

O Movimento de Países Não Alinhados, que agrupa 118 países, também se pronunciou em favor de Cuba.

O representante do movimento, o embaixador egípcio Maged Abdelaziz, afirmou que essa política dos Estados Unidos impõe obstáculos para a total realização dos direitos humanos do povo cubano.

Vaticano

O papa João Paulo II também condenou publicamente o bloqueio durante suas visitas pastorais à ilha em 1979 e 1998.[carece de fontes?]

Organização dos Estados Americanos (OEA)

O secretário-geral da Organização dos Estados Americanos (OEA), José Miguel Insulza, manifestou em 20 de janeiro de 2009 a esperança de que, sob a presidência de Barack Obama, os Estados Unidos levantem o embargo que mantêm há mais de 40 anos contra Cuba.[27]

Referências

1. ↑ a b LEO House OKs Cuba food trade, auto safety bill sent to Clinton.. October 12, 2000

2. ↑ CIA's The World Factbook

3. ↑ U.S. leads in authorizing humanitarian aid to Cuba, State Department says Miami Herald, 15 de abril de 1999

4. ↑ The Cuban Foreign Ministry thanks the U.S. government for its concern regarding the damages caused by Hurricane Michelle, Granma, 9 de novembro de 2001

5. ↑ Necessity of ending the economic, commercial and financial embargo imposed by the United States of America against Cuba., Assembléia Geral, Nações Unidas, A/62/L.1, 15 de outubro de 2007

6. ↑ ONU volta a pedir fim do embargo americano contra Cuba. BBCBrasil.com, 31 de outubro, 2007 - 06h40 GMT (04h40 Brasília).

7. ↑ chirinos, fanny s. (March 30 2006). Bonilla calls for end to Cuba trade embargo. caller.com. Página visitada em 22 de outubro de 2006.

8. ↑ a b c GHARIB, Ali. Embargo à Cuba é obsoleto e inútil afirmam especialistas. Washington: Inter Press Service; 22 de outubro de 2007

9. ↑ Memorandum of Discussion at the Department of State-Joint Chiefs of Staff Meeting, Pentagon, Washington: May 2,1958,11:30 a.m.

10. ↑ Timeline: US-Cuba relations.BBC News, Thursday, 23 August 2007, 14:13 GMT 15:13 UK

11. ↑ Memorandum From the Assistant Secretary of State for Inter-American Affairs (Rubottom) to the Deputy Under Secretary of State for Political Affairs (Murphy) Washington: Department of State, Central Files, 737.5-MSP/6-2658, 26 de junho de 1958.

12. ↑ Statement by the President Upon Signing Bill and Proclamation Relating to the Cuban Sugar Quota. The American Presidency Project; americanpresidency.org; July 6th, 1960

13. ↑ Telegram From the Department of State to the Embassy in Cuba. Washington: 3 de janeiro de 1961, 21h05

14. ↑ Proclamation 3447--Embargo on all trade with Cuba.

15. ↑ Cuban Assets Control Regulations.

16. ↑ Novena Reunión de Consulta de Ministros de Relaciones Exteriores..., Washington, D.C., July 21-26, 1964. (OEA/Ser.C/II.9)

17. ↑ Decimosexta Reunión de Consulta de Ministros de Relaciones Exteriores., Washington, DC: Secretaria General de la Organizacion de los Estados Americanos, 29 de julho de 1975

18. ↑ a b Cuban Democracy Act of 1992. U. S. Government, Department of State

19. ↑ a b LOWENFELD, Andreas F. Congress and Cuba: The Helms-Burton Act . The American Journal of International Law, Vol. 90, No. 3 (Jul., 1996), pp. 419-434.

20. ↑ MORRISON, Wayne M. China-U.S. Trade Issues. Foreign Affairs, Defense, and Trade Division, atualizado em 1 de julho de 2005

21. ↑ Vietnam-US Relations.

22. ↑ U.S.D.S. United States – Departament of State. Bush Announces Strengthening Measures Dealing with Cuba. Washington D.C., 13 de julho de 2002(a). Acessado em: 10 out. 2002.

23. ↑ Report to the President: Commission for Assistance to a Free Cuba. May 6, 2004

24. ↑ ISRAEL, Esteban. Cuba classifica embargo norte-americano de "esquizofrênico". Havana: Agência Reuters, in UOL Notícias, 18/09/2007 - 18h01

25. ↑ SALVADOR, Susana. Salamanca 'desbloqueia' embargo dos Estados Unidos a Cuba. Lisboa: Diário de Notícias, 16 de Outubro de 2005

26. ↑ General Assembly yet again issues annual call for end to US embargo against Cuba. Nova York: UN News Centre; 9 de novembro de 2006

27. ↑ OEA espera que Obama levante embargo a Cuba., TerraNews,20 de janeiro de 2009

Bibliografia

em português

• AYERBE, Luis Fernando. Estados Unidos e América Latina: a construção da hegemonia. São Paul : Editora UNESP, 2002.

• AYERBE, Luis Fernando. O Ocidente e o "Resto": A América Latina e o Caribe na Cultura do Império. Buenos Aires: CLACSO/ASDI, 2003.

• AYERBE, Luis Fernando. A Revolução Cubana. São Paulo: Editora da UNESP, 2004

• CASTRO, Fidel. A Politica Cinica do Imperio. Havana: 25 de maio de 2008

• BANDEIRA, Luis Alberto Moniz. De Martí a Fidel: a Revolução Cubana e a América Latina. Rio de Janeiro: Civilização Brasileira, 1998.

• JAKOBSKIND, Mário Augusto. Cuba - apesar do bloqueio. Rio de Janeiro: Booklink Editora, 2010.

em inglês

• Chairman, Joint Chiefs of Staff, Justification for US Military Intervention in Cuba (includes cover memoranda), March 13, 1962, TOP SECRET, 15

• BRENNER, P. & KORNBLUH, P. Clinton's Cuba Calculus. NACLA – Report of the Americas, v. 29, n. 2, p.33-40, sep.- oct. 1995.

• CAROTHERS, Thomas. Backing the Wrong Tyrant. The New York Times, 12 de junho de 1994

• RIEFF, David. Cuba Refrozen. Foreign Affairs, v. 75, no. 4, p. 62-76, jul.- aug. 1996.

• MARQUIS, Christofer. Cuba Leads Latin America in Primary Education, Study Finds. The New York Times, 14 de dezembro de 2001

• BRENNER, P., HANEY, P.J. & VANDERBUSH, W. The Confluence of Domestic and International Interests: U.S. Policy Toward Cuba, 1998-2001. International Studies Perspectives, v. 3, no. 2, p. 192-208, may 2002.

• PÉREZ Jr., Louis A. Fear and Loathing of Fidel Castro: Sources of US Policy Toward Cuba. Journal of Latin American Studies, v. 34, part 2, p. 227-254, may 2002.

• U.S.D.S. United States – Departament of State. Bush Announces Strengthening Measures Dealing with Cuba. Washington D.C., 13 de julho de 2002(a). Acessado em: 10 out. 2002.

• BUSH, George W. Initiative for a New Cuba: remarks by the President on Cuba policy review. Acessado em: 13 nov. 2002.

• U.S.D.S. United States – Departament of State. Bureau of Western Hemisphere Affairs. U.S. Cuba Policy, Washington D. C., 22 de julho de 2004. Acessado em: 23 nov. 04.